AF382910

LES OBJECTIFS SMART

5 critères pour des objectifs efficaces

Par Guillaume Steffens
Sous la direction d'Anne-Christine Cadiat

50MINUTES.fr

LES OBJECTIFS SMART 9

Définition du modèle

THÉORIE – PRÉSENTATION DU CONCEPT 15

Les critères SMART

Avantages du modèle

MISE EN PRATIQUE DU CONCEPT 23

Conseils et *best practices*

Études de cas

RÉPERCUSSIONS 41

Limites et critiques du modèle

Extensions et modèles connexes

EN RÉSUMÉ 51

POUR ALLER PLUS LOIN 57

LES OBJECTIFS SMART

- **Dénominations ?** Les objectifs SMART (en anglais, *SMART goals*), les critères SMART, les indicateurs SMART, la méthode SMART, la méthode SMARTER.
- **Usages ?**
  - En management et dans la gestion de projets, les critères SMART sont utilisés pour définir des objectifs ainsi que des indicateurs clés de performance (ICP ou KPI, *Key Performance Indicators*) efficaces et pour en faciliter la réalisation.
  - Dans le domaine des sciences humaines et du développement personnel, ils sont utilisés pour se fixer des objectifs d'apprentissage.
- **Efficacité ?** Son principe est simple : un objectif doit répondre à cinq caractéristiques afin d'en valider la pertinence. Il devra être à la fois spécifique, mesurable, assignable, réaliste et temporellement défini. L'acronyme mnémotechnique SMART permet en outre de garder à l'esprit des éléments favorisant la fixation d'objectifs pertinents.

- **Mots-clés ?**
  - <u>Gestion de projets</u> : organisation de l'ensemble des activités visant à répondre à un objectif défini.
  - <u>Indicateur clé de performance (ICP)</u> : type de mesure visant à évaluer l'efficacité ou l'efficience.
  - <u>Objectif</u> : situation optimale à atteindre par la mise en œuvre d'actions précises.

En 1954, dans son ouvrage *The Practice of Management*, Peter F. Drucker (théoricien du management en entreprise, 1909-2005) définit le concept de management par objectifs (MBO, *Management by Objectives*), qui consiste à fixer des objectifs quantitatifs et/ou qualitatifs dans un horizon temporel défini. Il précise également qu'il faut impliquer les travailleurs dans la fixation d'objectifs et ensuite pouvoir mesurer et évaluer la performance de ceux-ci. Sans utiliser formellement l'acronyme SMART, Peter Drucker jette les bases du concept.

Il faut attendre un article de George T. Doran (professeur en management, 1939-2011), « There's a S.M.A.R.T. Way to Write Management's Goals and Objectives » (*Management Review*, vol. 70, Issue 11, 1981), pour voir apparaître le concept d'objectif SMART. Doran y précise que tous les objectifs ne doivent pas répondre aux critères SMART et qu'il convient plutôt de les utiliser comme des lignes directrices.

DÉFINITION DU MODÈLE

L'acronyme *SMART* – qui signifie « intelligent » en anglais – fait référence à cinq notions qu'il faut constamment garder à l'esprit lors de la fixation d'objectifs afin d'en valider la pertinence. Dans l'ordre, les notions sont « spécifique » (S, *specific*), « mesurable » (M, *measurable*), « assignable » (A, *assignable*), « réaliste » (R, *realistic*), « temporel » (T, *time-related*), c'est-à-dire déterminé dans le temps.

À l'origine, ce modèle est utilisé pour définir les spécificités d'un objectif ou d'un indicateur concret dans le cadre managérial ou de la gestion de projets, ce qui implique le dépassement de l'idée abstraite et la mise en place effective de l'intervention. La simplicité de l'outil séduit d'autres disciplines telles que les ressources humaines dont le but ultime est de favoriser le développement personnel ainsi que l'accroissement de l'efficacité des employés. Cette technique peut également s'utiliser de manière individuelle (se fixer des objectifs SMART à soi-même) ou en équipe (un manager pourra fixer des objectifs que plusieurs devront atteindre ensemble).

S'il existe plusieurs alternatives à cet acronyme, seules les variantes les plus courantes seront ici analysées.

THÉORIE – PRÉSENTATION DU CONCEPT

LES CRITÈRES SMART

Si l'on peut définir un but comme le résultat d'une succession d'objectifs qu'il faut remplir, ces derniers peuvent eux-mêmes se diviser en une série de sous-objectifs. Par exemple, pour voir ses ventes augmenter (le but ultime), le manager se fixera l'objectif de démarcher 100 nouveaux clients.

Les critères, quant à eux, sont des éléments nécessaires pour établir un jugement, alors que les indicateurs permettent de vérifier qu'ils sont bien remplis. Ainsi, un critère destiné à définir la notion de temps pour l'exécution d'un objectif pourra être contrôlé au moyen d'un indicateur temporel tel que « dans une semaine ».

Un manager, autant qu'un employé, peut se référer aux critères SMART. Le premier aura alors tendance à fixer des objectifs à l'équipe dont il est responsable, alors que le second les définira pour lui-même.

Commençons par détailler les cinq éléments qui forment l'acronyme SMART selon George T. Doran.

- **Spécifique**. L'objectif doit se rapporter à un élément bien précis. Ce critère permet d'éviter des formulations trop vastes – et par conséquent trop floues – telles qu'« accroître les profits de l'entreprise » ; lui sera préféré un objectif comme « réduire le coût lié à machine A » dont les retombées pourront être quantifiées. Dans cet exemple, « accroître les profits de l'entreprise » sera considéré comme le but à atteindre au moyen d'un objectif qui consiste en la réduction du coût d'une machine. En définissant précisément un objectif, les actions à mener pour l'atteindre deviennent plus évidentes. Des sous-objectifs viendront éventuellement s'ajouter (diminuer le taux de rebut, le nombre de pannes, etc.). Un bon objectif est, avec ce critère, délimité dans ces principaux aspects : il s'applique à un cadre ou une région géographique précise et dispose également d'un financement spécifique ;

- **Mesurable**. Il est primordial de tenir compte de cet aspect qui permet de contrôler les résultats lors de la fixation d'objectifs dans le milieu des affaires. Pour y parvenir, l'entreprise doit disposer de moyens fiables pour, d'une part, avoir accès aux données et pour, d'autre part, pouvoir les interpréter correctement. Il n'est pas toujours possible ou facile de quantifier un objectif, aussi certains seront davantage qualitatifs que quantitatifs. Par exemple, l'objectif d'amélioration de l'image de l'entreprise sera difficile à quantifier. Il est toutefois nécessaire de se pencher sur cette composante. Dans le cas qui nous occupe, il est possible de procéder à des enquêtes et de collecter des données chiffrées (la perception de l'entreprise auprès du public sur une échelle de 1 à 10) pour ensuite ajuster le tir ;

- **Assignable**. Une ou plusieurs personnes doivent être clairement identifiées comme responsables de la réalisation de l'objectif. Il peut s'agir de collaborateurs internes ou externes à l'entreprise. Il est aussi possible de s'assigner un objectif à soi-même ;

- **Réaliste**. Cette notion vise à différencier la situation idéale – plus difficilement atteignable – de l'objectif concret. L'objectif doit pouvoir être atteint avec les moyens actuels de l'entreprise ou de nouveaux moyens raisonnablement accessibles. Afin d'être réaliste, il doit aussi tenir compte des législations en vigueur. Ce critère aura un impact sur la motivation et l'implication des employés, aussi faut-il trouver un juste milieu entre un objectif présentant un défi et un objectif réalisable. Il peut être intéressant de prévoir un autre objectif moins ambitieux en cas d'échec ;
- **Temporel ou déterminé dans le temps**. Il est important de définir, au moment de la fixation de l'objectif, un échéancier. Sans repères temporels, l'objectif risquerait en effet de perdre son caractère concret, et il deviendrait par conséquent impossible d'en vérifier la réalisation.

Les cinq éléments de l'acronyme SMART

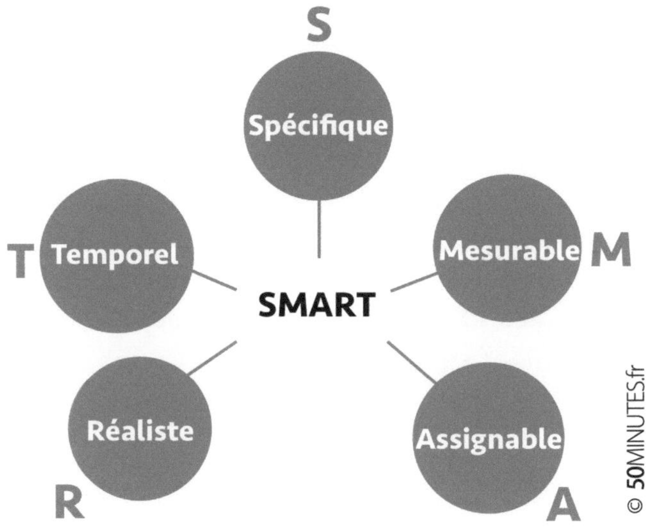

Les cinq éléments présentés ici sont ceux proposés par George T. Doran. Nous verrons dans la partie « Extensions et modèles connexes » que ceux-ci peuvent connaître des variantes.

AVANTAGES DU MODÈLE

Si la simplicité ainsi que la consonance mnémotechnique de l'acronyme constituent les principaux avantages du modèle, d'autres peuvent être cités :

- premièrement, ce modèle favorise l'obtention de résultats concrets en mettant l'accent sur l'aspect tangible et chiffrable des objectifs ;
- ensuite, il peut être appliqué à des domaines très variés, et peut même investir la sphère de la vie privée ;
- enfin, la formulation SMART rend l'objectif complet et ne nécessite que peu ou pas de précisions supplémentaires.

MISE EN PRATIQUE DU CONCEPT

Si la méthode SMART paraît relativement simpliste, il faut toutefois veiller à suivre scrupuleusement les étapes lors de la fixation du ou des objectifs afin de le/les atteindre en temps et en heure, tout en évitant les nombreux écueils potentiels.

CONSEILS ET *BEST PRACTICES*

Règle n° 1 – Un objectif doit être spécifique

Quels que soient les domaines, il est habituel d'entamer la réflexion par le premier critère, la spécificité de l'objectif. Celui-ci permet de rappeler aux managers qu'ils doivent veiller à être précis et à avoir constamment en tête l'ensemble des aspects de l'objectif qu'ils souhaitent définir. Dans le cadre de la gestion de projets ou en marketing, la première question à se poser est « Vais-je attribuer des objectifs différents pour chaque travailleur ou vais-je confier un objectif plus global à l'un de mes chefs de département ? ». Si le manager désire attribuer des objectifs différents à chaque employé, il y a de fortes chances pour qu'il commence par fixer un objectif global pour ensuite le répartir entre les différents départements et travailleurs. Il peut également choisir de fixer un objectif général et demander au(x) responsable(s) du/des département(s) d'assigner les sous-objectifs à son équipe. S'ils sont fixés de manière participative, les employés collaborent directement à la définition de l'objectif : ils font eux-mêmes partie du projet et peuvent donc donner leur avis. Cette approche assure une implication plus grande de leur part, car ils se sont engagés dès le début du processus.

Règle n° 2 – Un objectif doit pouvoir être mesuré

En ce qui concerne l'impératif de mesurer l'objectif – quantitativement ou qualitativement –, il faut au préalable définir de manière chiffrée l'objectif à atteindre, mais aussi tenter de réfléchir à la manière dont ces données chiffrées pourront être obtenues. Ce dernier aspect n'est parfois pas évident à arrêter, car les informations sont coûteuses (ex. : une étude de marché complète) ou difficilement objectivables (ex. : la création d'un produit de qualité).

Si l'entreprise ne dispose pas d'un département qui centralise les données, il est important de dresser à ce stade un état des lieux de celles auxquelles il sera facile d'avoir accès via son réseau interne. Une organisation possède souvent plus de ressources que ne le pense la personne en quête d'informations, même si elles sont éparpillées dans les différents départements (comptabilité, marketing, finance, etc.). Les données ainsi récoltées à un moment précis doivent être sauvegardées, puisqu'elles serviront de point de référence pour comparer les résultats enregistrés à la fin de l'échéancier fixé.

Si le concept d'évaluation est implicite dans le modèle, il est néanmoins important de garder à l'esprit que cette étape aidera considérablement *a posteriori* le manager, lorsqu'il devra évaluer les résultats finaux de l'objectif. Dans certains cas, il peut être intéressant de prévoir différents scénarios en fonction des seuils à partir desquels on peut estimer que l'objectif est rempli : dans le cas d'un objectif d'augmentation des ventes de 25 %, quel est le seuil à partir duquel le manager peut se sentir satisfait, ou au contraire changer sa stratégie ? Est-ce que 25 % est une limite inférieure rigide ou une augmentation de 20 % sera-t-elle déjà considérée comme un succès qui ne remettra pas en cause la stratégie ? Le manager réagira différemment s'il remarque une augmentation des ventes de 15 ou de 20 % alors qu'il avait tablé sur une augmentation de 25 %. Différents types de mesures correctrices pourront être appliquées en fonction de ces scénarios.

Règle n° 3 – Un objectif doit être assignable

L'étape suivante consiste à assigner cet objectif à un membre de l'entreprise ou à une personne/organisation externe en fonction des ressources disponibles et du coût de sous-traitance que cela représente. Sur le terrain, force est de constater que certains managers préfèrent désigner un responsable avant d'aborder les questions pratico-pratiques liées à l'évaluation des résultats. De cette façon, un manager pourra fixer avec le délégué commercial, qui est assigné à cette mission, le nombre de ventes que ce dernier devra effectuer en fonction de celles qu'il a enregistrées au cours de l'année précédente.

Règle n° 4 – Un objectif doit être délimité dans le temps

Il est alors temps de déterminer quand l'objectif peut/doit être réalisé. Il incombe au manager de mettre au point une stratégie pour assurer le respect des échéances. Puisqu'il est conseillé de prévoir une certaine marge de manœuvre en cas d'imprévu, le manager veillera à communiquer à ses employés un planning plus serré. Cela étant, il ne faut pas abuser de ce stratagème, car plus les délais sont courts, plus la pression s'intensifiera au niveau des travailleurs. Il peut également être judicieux d'avoir recours au diagramme de Gantt pour planifier des sous-objectifs et ainsi garder le contrôle sur le processus de réalisation de l'objectif.

Le diagramme de Gantt

Exemple de diagramme de Gantt

Nom de la tâche	Début	Fin	Juin	Juill.	Août	Sept.
Étude comparative des machines	1/06/15	30/06/15	▬			
Recherche des fournisseurs	20/06/15	20/07/15	▬			
Livraison de la machine	20/07/15	16/08/15			▬	
Installation de la machine	10/08/15	10/08/15			▪	
Premier test de la machine	17/08/15	18/08/15			▪	
Lancement de la production	18/08/15					▬

Le diagramme de Gantt (imaginé en 1910 par l'ingénieur américain et consultant en management, Henry L. Gantt, 1861-1919) est un outil particulièrement utilisé dans la gestion de projets. Il offre une vue d'ensemble des différentes tâches à réaliser (figurées par des bâtonnets horizontaux) et de leur éventuelle superposition dans le temps. Il existe actuellement de nombreux logiciels payants ou gratuits pour réaliser ce type de diagramme.

Règle n° 5 – Un objectif doit être réaliste

Pour terminer, il faut veiller à ce que l'objectif soit réalisable. Cette notion est la plus subjective des éléments du modèle, et c'est au manager que revient la mission de l'évaluer à l'aide des outils dont il dispose et de son intuition (analyses statistiques, études de marché, enquêtes de satisfaction, etc.). Pour ce faire, il lui faudra se baser sur :

- des chiffres tangibles pour estimer la situation prévue ;
- ses expériences passées ;
- les prévisions pour évaluer la situation future.

Le manager peut choisir de vérifier le côté réaliste de l'objectif en se fondant uniquement sur la partie spécifique ou sur l'ensemble des notions précédentes. Dans ce dernier cas, il vérifiera au préalable que la ou les personnes assignée(s) au projet dispose(nt) bien des moyens suffisants pour réaliser l'objectif dans les délais impartis. Ce critère est selon nous le plus difficile à appréhender et sera d'ailleurs le plus contesté.

LE SAVIEZ-VOUS ?

L'« intuition » en management fait référence aux éléments émotionnels et inconscients qui ne sont pas toujours justifiés par des données objectives et qui guident le manager dans sa prise de décision. En fonction de son expérience et des situations similaires qu'il a vécues, ce dernier aura le sentiment ou non que le nouveau projet pourrait aboutir.

Si la méthode SMART sert à définir correctement des objectifs, elle ne doit en aucun cas incarner une check-list exhaustive lors de la fixation d'un objectif : certains éléments de l'acronyme peuvent donc être manquants. Ainsi, un objectif, qui ne serait pas mesurable, serait certes moins intéressant à mettre en œuvre mais pas nécessairement inutile.

ÉTUDES DE CAS

Pour illustrer la théorie, vous sont ici présentés deux exemples de fixation d'objectifs SMART s'appliquant à différents domaines : la gestion de projets et le développement personnel.

La méthode SMART dans la gestion de projets

> L'entreprise A investit dans une nouvelle machine pour augmenter sa production de tablettes. Le 5 janvier, le manager formule son objectif SMART de la façon suivante : « Au deuxième trimestre, George Dupond, chargé du projet, présentera une augmentation effective de 10 000 unités mensuelles supplémentaires au niveau de la production grâce à la nouvelle machine AX-02 ».

La grille des critères SMART

Critères SMART		Définition de l'objectif
S	Spécifique	Une **augmentation de la production de tablettes de l'entreprise A grâce à une nouvelle machine AX-02.**
M	Mesurable	La **production de 10 000 unités supplémentaires par mois par rapport au 5 janvier de la même année.**
A	Assignable	**Georges Dupond** est le responsable du projet.
R	Réaliste	Nous considérons que **l'augmentation de 10 000 unités** est réaliste.
T	Délimité dans le temps	**Au deuxième trimestre** (Cette formulation pourrait être plus précise en énonçant par exemple à la fin du deuxième trimestre).

- **Point fort** : cet objectif remplit tous les critères des objectifs SMART. Le manager pourra évaluer si l'objectif est effectivement rempli à l'horizon temporel choisi. Dans cet exemple, il sera facile de comparer la production, par exemple à celle du mois de décembre (si l'on suppose que la production est constante), et de vérifier l'augmentation de la production au deuxième trimestre.
- **Point faible** : l'horizon temporel est relativement vague. Les travailleurs auront tendance à considérer en guise de date limite la fin du deuxième trimestre, alors que le manager aura en tête le début du deuxième trimestre. Pour éviter toute confusion, il faut veiller à spécifier un objectif aussi précis que possible.

Pour fixer la partie mesurable de l'objectif, le manager s'appuiera sur les données précédentes. Il pourra ainsi calculer le pourcentage d'augmentation que cela représente par rapport à l'année antérieure par exemple. Il s'assurera aussi qu'il lui est possible d'écouler cette production supplémentaire via notamment une étude de marché. Le caractère réaliste sera, lui, vérifié en fonction des spécifications de la machine et de la productivité de ses ouvriers.

Cas particulier : projet avec des sous-objectifs

Si l'entreprise A se rend compte que la production de tablettes est plus complexe que ce qu'elle pensait, elle fixera certainement deux sous-objectifs pour atteindre les 10 000 unités supplémentaires attendues.

1. **Trouver de nouvelles matières premières pour fabriquer davantage de produits.** Ainsi, le responsable des achats (assignable) se chargera d'ici à la fin du mois (temporel) d'évaluer les fournisseurs, de prendre contact avec eux et de signer un contrat avec celui qui propose la meilleure offre (spécifique et mesurable). Cet objectif semble réaliste, car ce type de tâches ne sort pas du domaine d'expertise du responsable des achats.

2. **Optimiser les réglages de la machine pour minimiser les déchets.** Le second sous-objectif sera également pris en charge par le responsable des achats (assignable) qui devra trouver la meilleure combinaison des différents

réglages (spécifique) – par exemple, la taille et la forme du moule et la quantité de plastic. Le lancement de la production étant prévu un mois et demi plus tard, tous les réglages devront être effectués avant cette date (temporel). Concrètement, il lui faudra écarter les facteurs qui rendent un produit défectueux en utilisant un logiciel qui calcule l'ensemble des possibilités et qui en détermine la meilleure en fonction du taux de rebut (mesurable). Pour que cet objectif soit réaliste, le responsable des achats devra se procurer rapidement le logiciel en question et acquérir au plus vite les connaissances techniques pour le manipuler efficacement.

Les critères SMART pour fixer un objectif d'apprentissage

Augustin, un jeune diplômé de Lettres, désire se lancer dans la création de sites Internet mais ne connaît rien à la programmation. Il achète un ouvrage dans le but de créer son premier site personnel en moins d'un mois : ce dernier devrait comporter un menu et une dizaine de pages. Tous les matins, il parcourt environ 15 pages du livre en question et réalise progressivement son projet.

La grille des critères SMART

Critères SMART		Définition de l'objectif
S	Spécifique	La **création d'un site personnel comprenant un menu et une dizaine de pages.**
M	Mesurable	Il est **facile de vérifier** si le site est créé ou non et s'il comporte effectivement un menu et une dizaine de pages.
A	Ambitieux	La création d'un site Internet est un **véritable défi** étant donné qu'il ne connaît pas la programmation quand il décide de se lancer dans ce projet.
R	Réaliste	Ce projet est ambitieux mais réalisable : **il se donne les moyens** d'y arriver. Il consacrera toutes ses matinées à l'apprentissage de la création de sites.
T	Délimité dans le temps	Le délai qu'il s'est fixé est d'**un mois.**

La principale différence entre les objectifs d'apprentissage et les autres réside dans l'adaptation du critère « assignable » en « ambitieux » (dans la définition d'un objectif d'apprentissage, on préférera la notion d' « ambitieux » à « assignable », car l'on part du principe qu'il est toujours personnel). Ce n'est pas pour autant que les objectifs fixés dans le cadre de la gestion de projets ou dans le marketing ne doivent pas être ambitieux. Encore une fois, nous voulons souligner le fait qu'il faut se servir de la méthode SMART comme outil pour atteindre des résultats et non comme d'une check-list.

RÉPERCUSSIONS

LIMITES ET CRITIQUES DU MODÈLE

Rappelez-vous : tous les objectifs ne doivent pas être forcément SMART. George T. Doran ne concevait pas cet acronyme comme une check-list, mais plutôt comme une aide dans la formulation d'objectifs permettant d'obtenir des résultats tangibles. Ainsi,

- il peut être dangereux de vouloir généraliser ce modèle à toute fixation d'objectifs. En effet, la méthode SMART n'est pas toujours indiquée dans la définition d'objectifs à long terme, car le côté réaliste peut freiner des objectifs perçus comme trop ambitieux ;
- tous les résultats ne peuvent pas être mesurés de façon objective ; l'entreprise n'a par ailleurs pas non plus toujours les compétences nécessaires ou les ressources financières suffisantes pour obtenir et interpréter l'information. Elle ne doit pas renoncer à se fixer des objectifs pour autant ;

- l'adaptation de l'objectif n'a pas sa place dans le modèle SMART (sauf avec une variante du A en « ajustable » que nous aborderons plus loin). Or, il est parfois important de tenir compte des variations de l'environnement dans lequel évolue l'entreprise.

L'entrepreneur et conférencier américain Brendon Burchard (fondateur de l'Experts Academy, né en 1977) soutient lui aussi que tous les objectifs ne doivent pas être SMART et le démontre par divers exemples. L'objectif de Christophe Colomb qui consistait à rejoindre les Indes par l'Atlantique, par exemple, était loin d'être SMART. Il n'était pas vraiment réaliste à l'époque, l'horizon temporel étant incertain. Quant au côté mesurable, il ne pouvait se faire que de façon binaire : l'objectif est atteint ou non. Burchard rappelle qu'il est important de garder des idéaux et propose un autre acronyme, DUMB – qui signifie « stupide » en anglais –, qui est l'opposé du modèle SMART.

Il conteste surtout le caractère réaliste des objectifs SMART, dont la notion est probablement la plus difficile à évaluer. Selon lui, il convient de fixer un objectif qui représente un défi pour autant qu'il est possible, réalisable. Si on lui préfère la variante « pertinent » (*Relevant*), il faut alors se pencher sur les priorités de l'entreprise. Si la priorité à long terme est de compresser les coûts, un objectif qui viserait à ajouter de la valeur au produit serait en contradiction avec elle et non pertinente. La pertinence de l'objectif s'évalue donc en fonction des priorités à long terme de l'entreprise ou de l'individu dans le cas d'objectifs d'apprentissage.

EXTENSIONS ET MODÈLES CONNEXES

Les interprétations du modèle SMART

En raison de sa popularité, le modèle SMART connaît de nombreuses variantes. Le tableau ci-dessous reprend les plus courantes :

Les variantes de la méthode SMART

S	Simple, *sustainable* (durable), significatif
M	Motivant, *manageable* (gérable), *meaningful* (significatif)
A	Atteignable, actionnable, ambitieux, ajustable, acceptable
R	*Relevant* (pertinent), *result-oriented* (orienté résultat)
T	*Trackable* (traçable), tangible

Il est courant de trouver la combinaison suivante : Spécifique, Mesurable, Atteignable, Pertinent (R, *Relevant*) et Temporel. Dans ce cas, il faut veiller à utiliser les critères « atteignable » et « pertinent » conjointement, le premier remplaçant la notion de « réaliste » ; un modèle contenant à la fois « atteignable » et « réaliste » présenterait par ailleurs une redondance. Le critère de la pertinence apporte une dimension supplémentaire, mais écarte la notion d'attribution de la responsabilité du projet.

Nous préconisons donc le maintien de l'emploi de cette dernière étant donné que le caractère pertinent est contenu à la fois dans le critère « spécifique » et dans l'ensemble du modèle.

Modèle SMARTER

Le modèle SMART possède une extension qui le complète : le SMARTER, signifiant « plus intelligent ». Le E et le R additionnels font référence à l'Évaluation (*Evaluation*) et à la Révision (*Review*). L'évaluation ex post rejoint la notion de mesurable. Alors que celle-ci était implicitement contenue dans le modèle SMART, à savoir dans le M, il faut désormais l'identifier clairement pour pouvoir répondre aux questions suivantes :

- Qui est en a la charge ?
- Comment la réaliser ?

La révision quant à elle suppose des mesures d'ajustement nécessaires suite à l'évaluation. Le tableau ci-dessous reprend les variantes les plus courantes :

Le modèle SMARTER

S	Spécifique, simple, *sustainable* (durable), significatif
M	Mesurable, motivant, *manageable* (gérable), *meaningful* (significatif)
A	Assignable, atteignable, actionnable, ambitieux, ajustable, acceptable
R	Réaliste, *relevant* (pertinent), *result-oriented* (orienté résultat)
T	Délimité dans le temps, *trackable* (traçable), tangible
E	Éthique, écologique, équitable, *Enhancing* (améliorant)
R	*Recordable* (enregistrable, sous forme de graphique par ex.), récompensant

Le modèle DUMB

Face à la renommée du modèle « intelligent », Brendon Burchard a voulu de manière un peu malicieuse remettre en question l'utilisation et la légitimité du SMART. Il propose alors un nouvel acronyme qui accorde plus de place aux rêves et moins au réalisme : le DUMB, dont le champ sémantique se place directement en opposition au SMART.

Les 4 éléments qui forment l'acronyme sont :

- **Dream driven.** Les objectifs doivent être guidés par le rêve. À l'image de Christophe Colomb, les personnes et les entreprises doivent se fixer un idéal à atteindre. Une entreprise doit, par exemple, aspirer à être la meilleure dans son domaine en termes de qualité.
- **Uplifting.** Ce terme anglais peut se traduire en français par « inspirant ». La formulation de l'objectif joue dans ce cas un rôle important, car il s'agit d'être motivant. Burchard illustre son propos via l'exemple de la perte du poids. Selon lui, l'objectif ne doit pas être exprimé de façon négative, mais plutôt de la façon suivante « ressembler à un top model », qui apparaît plus positif et, dès lors, plus stimulant.
- **Method friendly.** Il faut réaliser une méthode claire qui permet à celui qui poursuit un objectif de se discipliner pour l'atteindre. Dans le cadre d'objectifs d'apprentissage, on peut

imaginer des activités quotidiennes amélio-
rant son niveau dans le domaine.

- ***Behaviour driven.*** La notion porte cette fois
  sur un changement de comportement qui
  devrait faire la différence : pour atteindre ses
  rêves, il faut en effet se ménager, car des atti-
  tudes dépendent directement l'impact positif
  sur l'apprentissage et les performances.

EN RÉSUMÉ

- Le modèle SMART (acronyme de Spécifique, Mesurable, Assignable, Réaliste, Temporel) est un outil utilisé pour la fixation d'objectifs dans le domaine de la gestion de projets et du développement personnel.
- Sa simplicité et le moyen mnémotechnique désigné pour s'en souvenir constituent les raisons principales de son succès.
- Il existe de nombreuses variantes à ce modèle. Une des plus connues est le modèle SMARTER qui ajoute les dimensions d'évaluation et de réévaluation.
- Son côté réaliste a été critiqué, car il laisse peu de place au rêve et aux ambitions, ce qui n'est pas indiqué pour les objectifs à long terme.
- La fixation de sous-objectifs peut être indispensable à la réalisation de projets complexes.
- Le manager peut choisir :
  - d'assigner d'abord l'objectif avant de le déterminer de manière spécifique, ou l'inverse ;
  - d'impliquer ou non les travailleurs dans la fixation des objectifs.

- Il faut garder à l'esprit qu'il s'agit d'une méthode pour fournir des résultats pas d'une check-list. Tous les critères ne doivent donc pas toujours être pris en considération.

Grille pratique

	Question à se poser	Ex. de formulation d'objectif : baisse des coûts de production	Ex. d'actions concrètes à entreprendre
S	L'objectif est-il assez précis pour voir quelles actions mener ?	« Mon entreprise doit maîtriser ses coûts de production liés au produit "sac de sport". »	Cet objectif est précis. Pour y arriver, il faut d'abord étudier le coût actuel pour voir où se situent les améliorations possibles.

M	De quelles données ai-je besoin pour fixer l'objectif ? Quelle quantité, quel seuil, quelle fréquence vais-je donner à l'objectif ?	« À l'aide des données actuelles, je me fixe une baisse du coût de production de 10 %. »	Je fais l'inventaire des données disponibles. Je détermine celles que j'ai déjà et celles qu'il faut que je me procure. J'inscris clairement cette baisse de 10 %.
A	Qui sera responsable de sa réalisation ?	« Je désigne le chef de la production comme responsable de la réalisation de l'objectif. »	Je m'assure que la personne désignée a bien compris l'objectif. Je prends contact régulièrement avec elle pour avoir un aperçu de la situation.

R	L'objectif peut-il être atteint avec les moyens actuels ou de nouveaux moyens raisonnablement accessibles ?	« La productivité peut être améliorée sur la ligne de production "sac de sport". 10 % est une donnée réaliste. »	Je me pose la question de savoir si un tel objectif a déjà été réalisé par le passé. Je me demande aussi quelles vont être les réactions des employés.
T	Quand sera-t-il temps de faire le bilan ?	« À la fin de cette année, l'objectif doit être atteint. »	J'établis un planning de suivi. Je réfléchis éventuellement à des sous-objectifs à réaliser préalablement.

Votre avis nous intéresse !
Laissez un commentaire sur le site de votre
librairie en ligne et partagez vos coups de cœur sur
les réseaux sociaux !

POUR ALLER PLUS LOIN

SOURCES BIBLIOGRAPHIQUES

- BURCHARD (Brendon), « Smart Goals Are DUMB », in *The Charged life*, juillet 2014, podcast consulté le 31 mars 2015.
https://itunes.apple.com/gb/podcast/
charged-life-brendon-burchard/id821746377?mt=2

- DORAN (George T.), « There's a S.M.A.R.T. Way to Write Management's Goals and Objectives », in *Management Review*, vol. 70, Issue 11, p. 35-36, 1981.

- DRUCKER (Peter F.), *The Practice of Management*, New York, HarperCollins Publishers, 1954.

- HAUGHEY (Duncan), « A Brief History of SMART Goals », in *Project Smart*, 2014, consulté le 31 mars 2015.
http://cdn.projectsmart.co.uk/pdf/brief-history-
of-smart-goals.pdf

- MORISSON (Mike), « History of SMART Objectives », in *RapidBI*, juillet 2010, consulté le 31 mars 2015.
https://rapidbi.com/history-of-smart-objectives/

- PRUNIER (Yves), « Un objectif SMART n'est pas la panacée », in *Les Echos.fr*, avril 2013, consulté le 31 mars 2015.
  http://archives.lesechos.fr/archives/cercle/2013/04/10/cercle_70057.htm

- VINCENT (François), « Créer des objectifs S.M.A.R.T., une formule magique en marketing », in *Stratégie marketing PME*, septembre 2013, consulté le 31 mars 2015.
  http://www.strategiemarketingpme.com/strategies/creer-objectifs-s-m-r-t-formule-magique-en-marketing/

- YEMM (Graham), *Essential Guide to Leading Your Team: How to Set Goals, Measure Performance and Reward Talent*, New York, Pearson Education, p. 37-39, 2013.

SOURCES COMPLÉMENTAIRES

- DALLAS (Justin), *Smart Goals: Everything You Need to Know About Setting S.M.A.R.T. Goals. Dream Big, Set Goals, Take Action*, Kindle Editions, 2015.

- GUDGER (Jacob), *SMART Goals: The Ultimate Goal Setting Guide*, Kindle Editions, 2013.

- SCOTT (S. J.), *Goals Made Simple - 10 Steps to Master Your Personal and Career Goals*, Kindle Editions, 2014.

50MINUTES.fr
Art & Littérature
Coaching Pro
Business
Book Review
Histoire & Société
Santé & Bien-être
JE FAIS DES CHOIX ET J'ASSUME !
DIANA, PRINCESSE DE GALLES
LÂCHER PRISE, ENFIN !
SOYEZ LÀ
OÙ ON NE VOUS ATTEND PAS !
www.50minutes.fr

ISBN ebook : 978-2-8062-6402-2
ISBN papier : 978-2-8062-6403-9
Dépôt légal : D/2015/12603/174
Couverture : © Primento

Conception numérique : Primento, le partenaire numérique des éditeurs